250 FRASES QUE SACUDIERON
AL PAÍS RECOPILADAS POR PONCHITO

¿Y YO POR QUÉ?

1ª. edición: noviembre, 2003
4ª. reimpresión: marzo, 2004

© 2003 Andrés Bustamante

© 2003 Ediciones B México, S.A. de C.V.,
   Bradley 52, Colonia Anzures.
   11590. México D.F.
   www.edicionesb-america.com

ISBN: 970-710-090-7

Diseño: Paloma Escalante Carrasco para TYPE
Infografía: Oldemar González
Fotografías: Lorena Alcaraz, Reuters, AP, Notimex

Impreso en los Talleres de Quebecor World.

Todos los derechos reservados. Bajo las sanciones establecidas en las leyes, queda rigurosamente prohibida, sin autorización escrita de los titulares de c*opyright*, la reproducción total o parcial de esta obra por cualquier medio o procedimiento, comprendidos la reprografía y el tratamiento informático, así como la distribución de ejemplares mediante alquiler o préstamo público.

250 FRASES QUE SACUDIERON
AL PAÍS RECOPILADAS POR PONCHITO

¿Y YO POR QUÉ?

ANDRÉS BUSTAMANTE

Barcelona • Bogotá • Buenos Aires • Caracas • Madrid • México D.F. • Montevideo • Quito • Santiago de Chile

ESE ESTILO PERSONAL...

"Hay quien se va al fútbol los domingos, hay quien se va al béisbol, a Chapultepec o fuera de la ciudad. A nosotros, cuando estamos en la Ciudad de México, primero nos gusta ir a misa".

De visita en la basílica de Guadalupe.
Febrero 2003

"Lo que está proponiendo el Ejecutivo es un reformón".
Sobre su propuesta de Reforma Fiscal.

Mayo 2001

" Hola Cristina, hola Paulina, Vicente y Rodrigo. Honorable Congreso de la Unión. "

Al comenzar el mensaje de su toma de posesión como Presidente.

1 diciembre 2000

"Que Dios los bendiga"

Al inaugurar el Polyforum León.
Diciembre 2000

"Llega usted a un país que ha revalorado sus raíces indígenas (...) recibimos de nueva cuenta a nuestro hermano del alma, realmente al amigo".
Bienvenida al Papa.
30 julio 2002

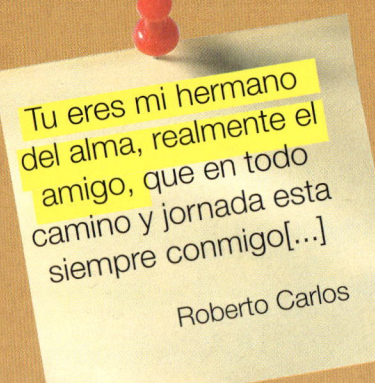

Tu eres mi hermano del alma, realmente el amigo, que en todo camino y jornada esta siempre conmigo[...]
Roberto Carlos

"Sí hice muchas travesuras de chiquito y las ando haciendo también de Presidente".

Declaración en el Día del Niño.
Abril 2001

"Estoy tomando decisiones, no estoy pastoreando en la Presidencia de la República, no estoy a caiditas".
En discurso ante la CROC.
Abril 2001

"Nomás veme la cara de sonrisa que tengo y con eso tú juzgas".

Comentando con los periodistas su boda con Marta Sahagún.
2 de julio 2001

"Está padre esto de estar casado otra vez, la verdad es bonito".

4 julio 2001

" Tengo que reconocer que la opinión pública y los medios reclaman una Presidencia de la República muy seria, que no haga chascarrillos. Aprendí que no se den besos allá en Roma con la señora o que no tire el ramo la señora a las reporteras. "

"Aquí voy a estar saludando a mi mamita, no tengo preparado nada [para la cena de Nochebuena]".

Diciembre 2000

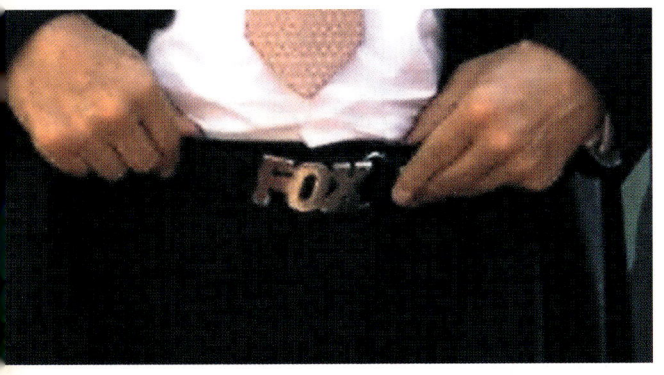

"Este es un Gabinetazo"

Al dar a conocer los nombres de su equipo.
Noviembre 2000

"Como la cena que nos ofrece el rey es de riguroso frac y ahí hay que ir encharolado, yo voy a llevar mis botas vaqueras de charol, las primeras que se fabrican en el mundo".

En Madrid, antes de la cena que le ofreció el Rey de España.
Octubre 2001

" Muchas gracias, mi rey. "

En conversación telefónica con Juan Carlos I de España, cuando éste le llamó para felicitarlo por su triunfo electoral.
2 de julio 2000

"Todavía no daremos a conocer el Gabinete, vamos a darle emoción; es como las mujeres cuando están bailando: si llegan a enseñar tobillito nada más, es cuando se pone bien la cosa".

Noviembre 2000

"Nomás por joder, podríamos pedir a todos los panistas que vayan a votar por Roque Villanueva para candidato del PRI".

En las elecciones del PRI para elegir candidato a la presidencia de México.
Mayo 1999

"¿Cuánto puede costar Gurría? ¿50 mil pesos al mes?"
En su libro "Vicente Fox a Los Pinos".

"Tampoco hay que otorgarle a Diego (Fernández de Cevallos) más crédito del que se merece".

Abril 2000

"EL PAN Y EL PRD NO SON AGUA Y ACEITE, SON LEVADURA Y HARINA".
AGOSTO 1999

LAPIDARIA

antes de la toma de posesión...

Pedro Cerisola, coordinador general de la campaña de Vicente Fox

"México es la empresa, Vicente el empresario y yo el director de operaciones."

Septiembre 1999

Los de alrededor

"No entiendo por qué el PRD desnuda, les baja los calzones a cientos de empresarios, los exhibe ante el pueblo y le dice, línchenlos".

Sobre la lista de los presuntos beneficiados por el Fobaproa, dada por el PRD.
Agosto 1998

"Esa figura del fuero constitucional es protección para delincuentes, debe acabarse con ella".
Abril 1999

"EL CURA HIDALGO FUE UN PROMOTOR DE LA MICRO Y PEQUEÑA INDUSTRIA".
SEPTIEMBRE 1999

LAPIDARIAS

Los de alrededor

Pedro Cerisola, coordinador general de la campaña de Vicente Fox

"Me voy a regresar a mis actividades empresariales, no me interesa ningún puesto cuando gane Vicente".

Septiembre 1999

Marta Sahagún, vocera

"Mi relación profesional con Fox es inmejorable, pues el proyecto de él se convirtió en mi propio proyecto de vida".

Julio 2000

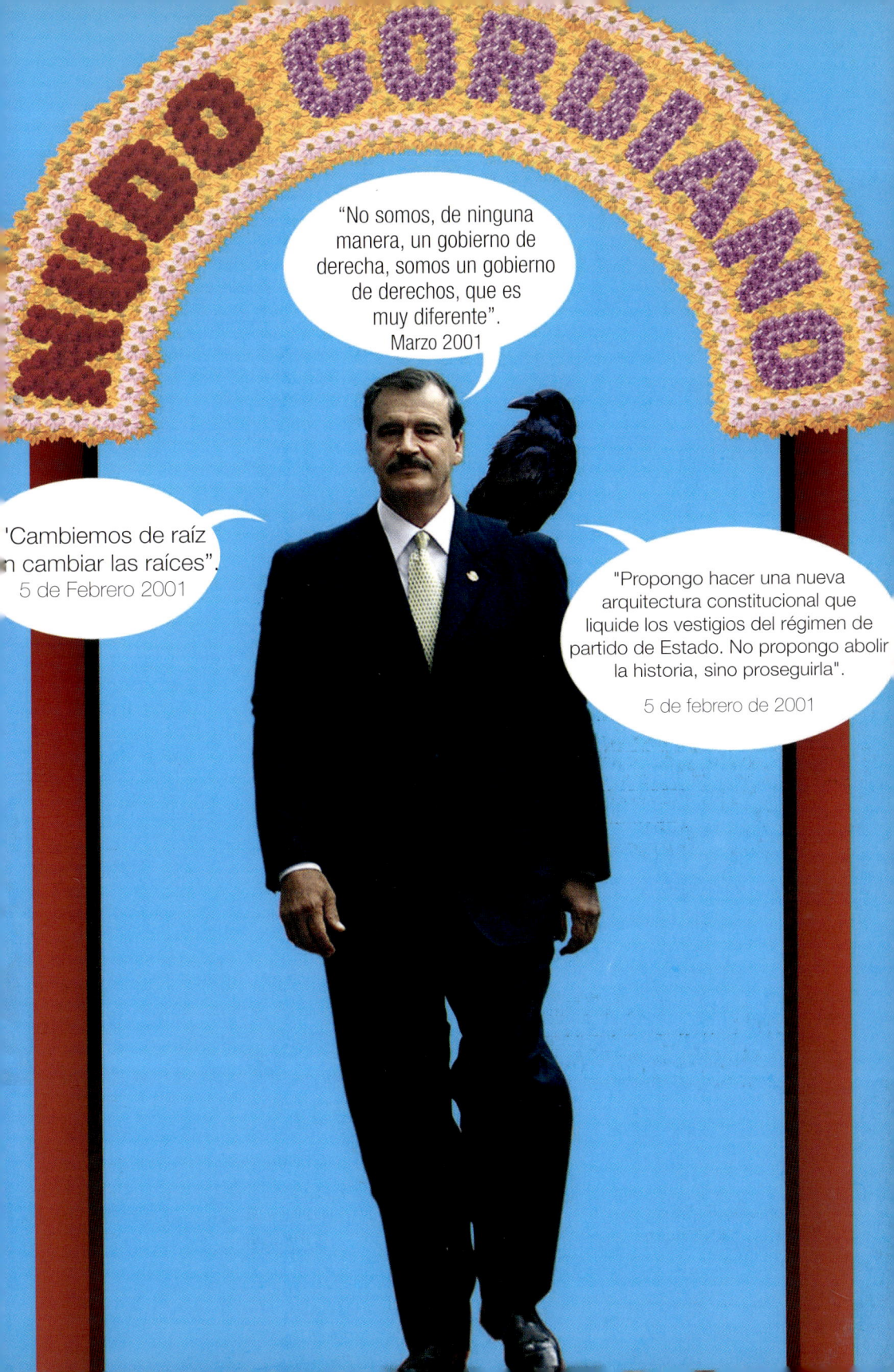

"Muchas gracias, a nombre de los mexicanos, por mantenerse en pie pese al error de diciembre. Error que no fue de los banqueros ni de los empresarios ni de los ciudadanos".
Discurso en la Convención Bancaria. 3 marzo 2000

"Acudiré [a la ceremonia de canonización de Juan Diego] como Vicente Fox, no como Presidente, aunque tengo claro que no podemos separar una personalidad de la otra".
Julio 2002

Esta sección se llama así recordando la antigua historia de unos... que ... pues tenían... pos la neta no sé. Pero creo que había un nudo que estaba gordo, y entonces no se le entendía como deshacerlo... digamos que como estas frases.

"El eje central de mi administración es la familia y la persona, y nosotros no nos confundimos con las ideas de un gobierno neoliberal o un grupo socialista o cualquiera de los símbolos ideológicos".
Julio 2001

"La diferencia o el desacuerdo no detienen el progreso de nuestro país; por el contrario, estimulan la democracia al tiempo que contribuyen a caminar con rumbo".
Marzo 2003

"El nulo crecimiento económico es un elemento que permite identificar las áreas de oportunidad, donde hay crecimiento, y los renglones problemáticos".
Agosto 2001

Al inaugurar la Convención Nacional de Presidentes de la Canacintra.
Septiembre 2001

"Al fin y al cabo lo que pasa es temporal, no va a ser para siempre la desaceleracion. Será un trimestre más, dos trimestres más, tres.

Tal vez cuatro, o cinco, puede ser que seis, o siete y chance ocho...

"Así que ésta es la situación real. Espero que no haya confusiones, porque a veces yo no me explico bien y veo las cosas en los periódicos y salen mal; admito que a veces yo no lo pueda hacer tan bien; por eso es importante que quede claro este asunto: no hay crisis, no hay crisis, hay una disminución de nuestra economía".

Junio 2001

"SON MAMADAS DE ESE ROQUE"

Sobre la sugerencia de Humberto Roque Villanueva de aplicar el *antidoping* a todos los funcionarios en la guerra contra el narcotráfico.
Octubre 1999

"Con los jodidos de México debe empezar el Plan de Desarrollo del país: arremangarse las mangas y luchar por el México que ellos necesitan".

Abril 1999

Los de alrededor

Luis Ernesto Derbez, al anunciar que se preveía gravar las medicinas.

"De qué sirve que las medicinas estén libres de impuestos si al final de todas formas su precio en las farmacias privadas resulta inaccesible para los más pobres".

Octubre 2000

Lino Korrodi, empresario de Los Amigos de Fox, ante la investigación del IFE y las críticas priistas.

"El PRI quiere comparar lo de Amigos de Fox como si esto fuera lo de Pemex o la corrupción que hubo durante 71 años en México".

Julio 2002

"No somos el partido de los empresarios. Tampoco un partido de derecha, moralino, de católicos y extranjeros. Somos un partido humanista en el centro político, con responsabilidad social. Yo diría que es un centro-izquierda ligero, un partido popular, como sería el Partido Popular en España".

En entrevista con el diario *El País*.
Julio 1999

Fernando Canales Clariond, en ese entonces gobernador panista de Nuevo León.

TORITO!!!!

"Lloro a veces en películas de Pedro Infante; Pepe el toro, por ejemplo, la he visto diez veces y las diez veces he llorado".

Noviembre 1999

Luis Felipe Bravo Mena, líder nacional del PAN.

"Las desavenencias entre Fox y Diego no se arreglan en lo político, debe imperar el corazón".

Noviembre 1999

"No en balde aquí en Guanajuato se hizo la Independencia; no en balde Guanajuato tuvo un papel importantísimo en la Revolución, y no en balde participamos en la Guerra Cristera para defender nuestra religión. Los guanajuatenses estamos abriendo las puertas para el cambio".

Cuando se manejaba la posibilidad de una alianza entre PAN y PRD, en la que él dijo, por supuesto, que Fox sería el candidato de los dos partidos.
Agosto 1999

"NO NOS AHOGUEMOS EN LA COYUNTURA"
SEPTIEMBRE 2001

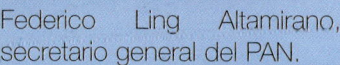

Los de alrededor

Federico Ling Altamirano, secretario general del PAN.

"A Fox le sobran propuestas, lo que pasa es que los medios le dan prioridad a sus declaraciones folclóricas".

Enero 2000

Luis Felipe B. M, líder nacional del PAN.

"El PAN nunca ha sido de derecha, siempre ha mantenido una esencia de centro e incluso tiene aspectos de izquierda".

Agosto 2000

"Y de veras, a los medios de comunicación les digo: no la traigo contra los medios (...) Soy prudente, paciente, tranquilo, aguanto vara"

Tres días después de su queja de que no lo iban tumbar con periodicazos.
Noviembre 2001

"Yo les doy la entrevista, hablamos, siempre y cuando me cubran la nota del día; entonces dos notas, una la que ustedes digan y otra la que yo hago".

Agosto 2002

medios de comunicación

"Porque luego hay muchísima distorsión en la materia en que se dan las noticias, hay mucha calumnia, hay mucho engaño, hay mucha mentira recientemente en los medios de comunicación, y hoy tengo más interés que nunca de hablar con ustedes directamente... Así no hay distorsión, así no hay engaño, así no prevalece la calumnia".

En su programa de radio.
Noviembre 2002

"Yo creo que hoy entendemos los mexicanos que no hay presidentes milagrosos ni soluciones repentinas a todos los problemas... En el año 2001, lo que perdí es la batalla mediática".

Enero 2002

"Francamente, sí hemos estado bajo una metralla impresionante de ataques, por una sarta de babosadas que no tienen la menor importancia para nuestro país. No me van a tumbar con críticas de periódicos".

En su programa de radio sabatino.
Noviembre 2001

"Aprovecho la presencia de la prensa para decirle que no pretendo reelegirme, que me voy a ir muy contento al rancho, allá a la casa de ustedes, una vez que termine con estos seis años; son suficientes para hacer un trabajo y suficientes para tener ganas de cambiar a otra cosa".

De gira por Francia.
Noviembre 2002

"Ellos [los banqueros] tuvieron buena parte de la culpa en la crisis del 94. ¡Hubo muchos actos de corrupción y se despacharon con la cuchara grande!"

Con empresarios del Valle de México.
8 marzo 2000

"No hay nada, yo estoy muy, pero muy satisfecho con el trabajo que está realizando cada uno de los miembros del Gabinete".

En gira por Hidalgo, ante el rumor de posibles cambios en el Gabinetazo.
Junio 2002.

Los de alrededor

Lino Korrodi, del grupo *Amigos de Fox*.

"Al llegar a la presidencia, Fox se sabrá manejar con el lenguaje y la estatura de un estadista".

Enero 2000

Porfirio Muñoz Ledo, después de que Vicente Fox calificó al entonces líder perredista con -5 en sus posibilidades de alcanzar la presidencia de México

"Fox parece un niño grandote, un niño crecido y poco serio".

Febrero 1999

"Necesito que siga la luna de miel, no me divorcien".

En petición a la prensa, durante la conferencia The Economist Conferences, Junio 2001

Nota a los lectores: ésta declaración se la prestó el Presidente Fox a la cantante Lucero dos años después.

"Sigo creyendo firmemente que México va a asombrar al mundo del siglo XXI."

Al encabezar la reunión sobre seguridad fronteriza y nacional en Tijuana, en el estado de Baja California.
Octubre 2001

"México ha iniciado este siglo con el pie derecho. Nuestras credenciales democráticas nos hacen ser una nación fuerte y con rumbo, la tolerancia, la pluralidad y la libertad gozan de plena vigencia en el México de hoy".

21 noviembre 2001

"México está navegando con éxito dentro de la turbulencia y seguramente el país va a despegar, y va a despegar antes que otros países que hoy están pasando dificultades".

Octubre 2001

"Mi gobierno avanza con un proyecto humanista, emprendedor y socialmente responsable para llevar a México a la vanguardia".

Octubre 2001

"Un viejo amor ni se olvida ni se deja, Cuauhtémoc, hoy estás con Labastida (...) seguramente su mamita debe estar recordándole que él nació en Los Pinos".
Mayo 2000

"LA VIRGEN DE GUADALUPE Y JUAN DIEGO SON UN SÍMBOLO NACIONAL, PERO COMO YA ME METÍ EN MUCHO ENREDOR, NO LOS USO".
DICIEMBRE 1999

"Abriré el acceso a los medios de comunicación a las iglesias (en especial a la católica) para que éstas puedan difundir sus principales actividades".
Mayo 2000

LAPIDARIAS

Los de alrededor

Eduardo Sojo, del equipo de campaña del PAN.

"Los sueños de Zedillo se harán realidad con Fox".

Julio 2000

Patricia Quesada Lastiri.

"Los *Amigos de Fox* no desaparecerán, nos sujetaremos a los cambios que conlleva el nuevo cargo de Vicente: ahora será los Amigos del Presidente".

Julio 2000

LAPIDARIAS después de la toma de posesión...

"**Benito Juárez es un ejemplo único... este indio audaz...**"

Resaltando la figura del oaxaqueño en el aniversario de su natalicio.
21 Marzo 2001

"LOS CAMPESINOS YA SON MAYORES DE EDAD".

ENERO 2002.

"No gobernaré con camarillas ni para camarillas ni contra camarillas. No habrá lugar para la deshonestidad, la simulación, la soberbia ni la prepotencia".

Agosto 2000

"**Este es un cambio silencioso, pero fundamental**".

En su II Informe presidencial.
Septiembre 2002

Jorge G. Castañeda, Secretario de Relaciones Exteriores.

"**Arrogante sí [soy], pero no prepotente**".

Enero 2001

política internacional

"Fidel Castro pronunció un discurso que no cambia desde hace 50 años"

Tras la Cumbre de Monterrey.
Marzo 200

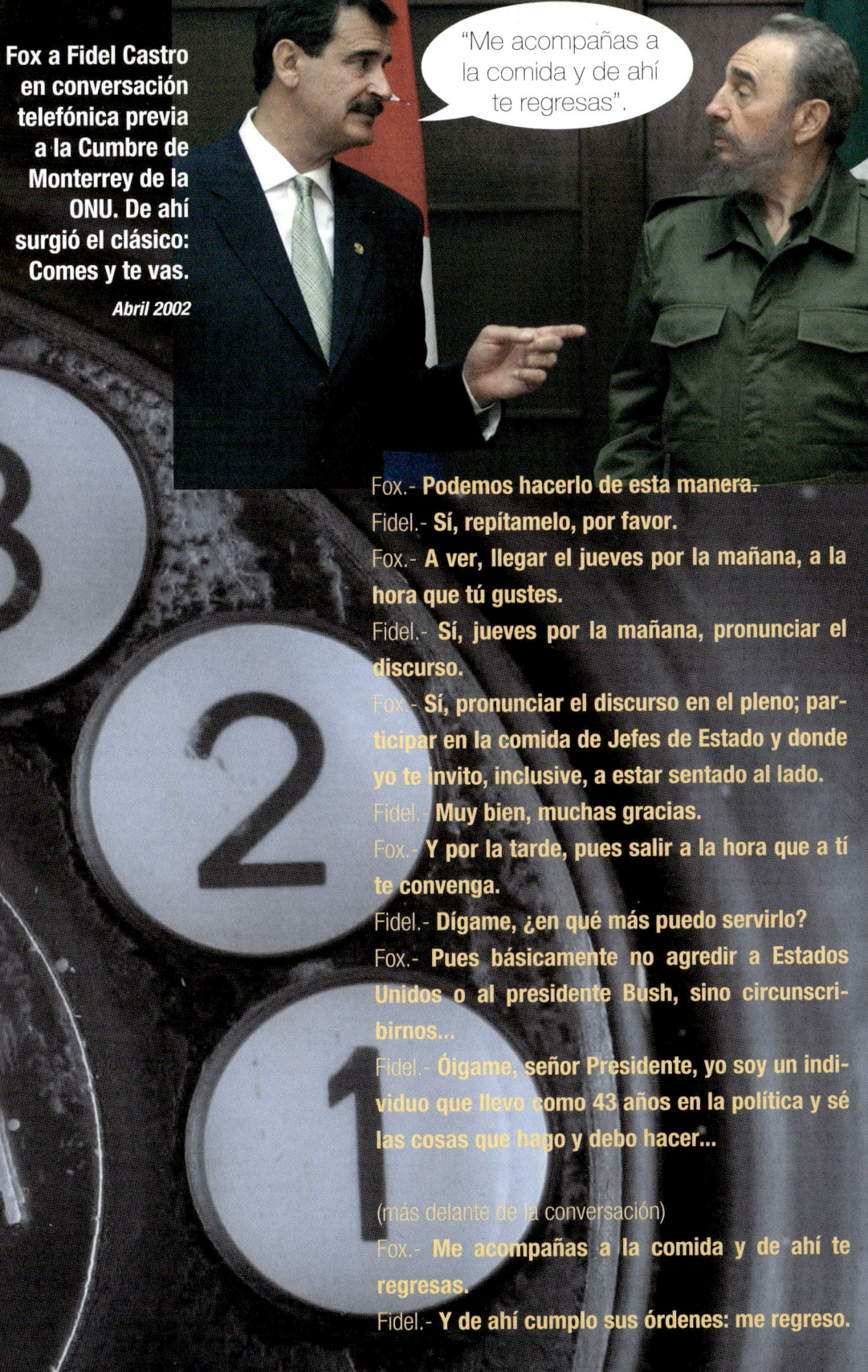

Fox a Fidel Castro en conversación telefónica previa a la Cumbre de Monterrey de la ONU. De ahí surgió el clásico: Comes y te vas.

Abril 2002

"Me acompañas a la comida y de ahí te regresas".

Fox.- **Podemos hacerlo de esta manera.**
Fidel.- **Sí, repítamelo, por favor.**
Fox.- **A ver, llegar el jueves por la mañana, a la hora que tú gustes.**
Fidel.- **Sí, jueves por la mañana, pronunciar el discurso.**
Fox.- **Sí, pronunciar el discurso en el pleno; participar en la comida de Jefes de Estado y donde yo te invito, inclusive, a estar sentado al lado.**
Fidel.- **Muy bien, muchas gracias.**
Fox.- **Y por la tarde, pues salir a la hora que a tí te convenga.**
Fidel.- **Dígame, ¿en qué más puedo servirlo?**
Fox.- **Pues básicamente no agredir a Estados Unidos o al presidente Bush, sino circunscribirnos...**
Fidel.- **Óigame, señor Presidente, yo soy un individuo que llevo como 43 años en la política y sé las cosas que hago y debo hacer...**

(más delante de la conversación)

Fox.- **Me acompañas a la comida y de ahí te regresas.**
Fidel.- **Y de ahí cumplo sus órdenes: me regreso.**

mucho ojo con la política internacional

"En Monterrey no habrá pugna entre países ricos y pobres, de hecho, somos (en México) las dos cosas, ricos y pobres... podemos ser el puente entre los dos mundos".
Previo a la Cumbre de Monterrey promovida por la ONU.
Marzo 2002

"Nos unimos y respaldamos el proceso promovido por usted, señor presidente, para unir las Coreas. Habremos de promover esta bondadosa y entusiasta promoción, la habremos de hacer saber a los países con quienes tenemos relaciones y tratos. Particularmente haremos esa promoción entre congresistas y senadores de Estados Unidos, al igual que con el propio presidente George Bush".
De gira por Asia.
Junio 2001

"El cuerpo diplomático tiene que salir al mundo a participar en el fenómeno de la globalización, así nos guste o no, así nos sea favorable o no".
5 de enero 2001

¡VIVA EL AMOR!

EL DÍA DE SU BODA CON MARTA SAHAGÚN.
2 DE JULIO DE 2001

"No quisiera dejar la impresión de que el gobierno federal es Don Rico. Nosotros tenemos nuestras limitaciones presupuestales, tenemos que atender a toda la República".

Al serle solicitada ayuda en Baja California Sur, estado sacudido en menos de un mes, por dos huracanes.

Agosto 2003

"No recibimos un sueldo, trabajamos por México."

Días después se supo que sí que el equipo de transición percibía un sueldo.

Septiembre 2000

María Luisa Calderón Hinojosa, presidenta de la Cocopa, le advierte a sus compañeros de la Cocopa, que no filtren información.

"Cualquier declaración a la prensa, me vale madre de quién, y le doy en la madre a la Cocopa".

Julio 2001

Demetrio Sodi de la Tijera, senador del PRD, a propósito de las declaraciones de Fox en su gira por Alemania y España.

"Fox tiene facilidad para decir cosas que nos complican la situación externa, que nos confronta con grupos, que nos ponen en ridículo".

Octubre 2001

Los de alrededor

...de tin marín

de do pingüe.

"Las cosas van bien, a pesar de lo que lean en la prensa... No es cierto que todo el mundo ya esté a punto de tirar la toalla, no es cierto tampoco que hubo una toalla de 4 mil pesos en Los Pinos, tampoco es cierto".
De gira por Chiapas.
Julio 2001

"Hoy hasta el precio de las toallas que se adquieren para la casa de ustedes es público, está en Internet, y qué bueno que la prensa lo haga saber a qué precio compramos las toallas, eso es transparencia".
Sobre las toallas de 4 mil pesos.
Julio 2001

"Si han sido una ofensa las toallas de 4,000 pesos, los pago y listo. Las pago de mi bolsa".
Acerca del toallagate.
Julio 2001

"[Ernesto Zedillo] se llevó todo, y no dejó ni una toalla".
Justificando los gastos en menaje para Los Pinos.
Julio 2001

"No hay motivo de vergüenza. De ninguna manera tiene responsabilidad la hija del Presidente. Ella no maneja dinero".
Marta Sahagún de Fox Sobre el *toallagate*.
Junio 2001

> "El PAN tiene que respetar la decisión del Presidente de la República de elegir a su Gabinete. ¡Al final quien gobierna es Vicente Fox, no el PAN! ¡El que la riega es Vicente Fox, no el PAN! ¡El que tiene los aciertos es Vicente Fox!"
>
> *Octubre 2000*

"ES UNA MARRANADA."

"Que sea hombrecito. Que se faje los pantalones y me diga las cosas a la cara, y que no me ande mandando a sus chícharos y achichincles a meter esto (el asunto del Fobaproa y su familia) a todas las estaciones de radio".

Vicente Fox, sobre Francisco Labastida.
25 de febrero 2000

LAPIDARIAS

CUANDO EL TRIBUNAL ELECTORAL DEL PODER JUDICIAL DE LA FEDERACIÓN NO LE PERMITIÓ INCLUIR SU FOTOGRAFÍA EN LAS BOLETAS ELECTORALES. ENERO 2000

Los de alrededor

Carlos Abascal Carranza, Secretario del Trabajo y Previsión Social, en su discurso *"Qué espera México de las mujeres"*.

"(La mujer) ha de reconocer, amar y entregarse de lleno a la profesión de madre y de corazón del hogar, cada alma que se les confía vale más, ella sola, que todo el universo creado".

"La rebelión feminista es un ataque al fundamento de la sociedad civilizada; tiene graves consecuencias en los niños, afecta las relaciones interpersonales, alienta el llamado amor libre, la homosexualidad, la prostitución, la promiscuidad, el aborto y en fin, la destrucción de la familia".

Marzo 2001

"Ni Gobernación ni el IFE pueden castigarme. Nadie. Ni la mamá del muerto".
Durante el grito de Independencia en Dolores Hidalgo, mientras mantuvo un estandarte de la virgen de Guadalupe en la mano.
Septiembre 1999

"Hemos hecho las cosas bien, aunque aún no hemos logrado los resultados que esperábamos".
En una autoevaluación a los siete meses de iniciar la Presidencia.
Julio 2001

"Honestidad, trabajar un chingo y ser poco pendejo."
Respuesta a la pregunta de qué le ofrecía a México.
Abril 2000

"Soy inteligente y poquito a la izquierda. No soy Hugo Chávez ni Bucaram tampoco".

Abril 2000

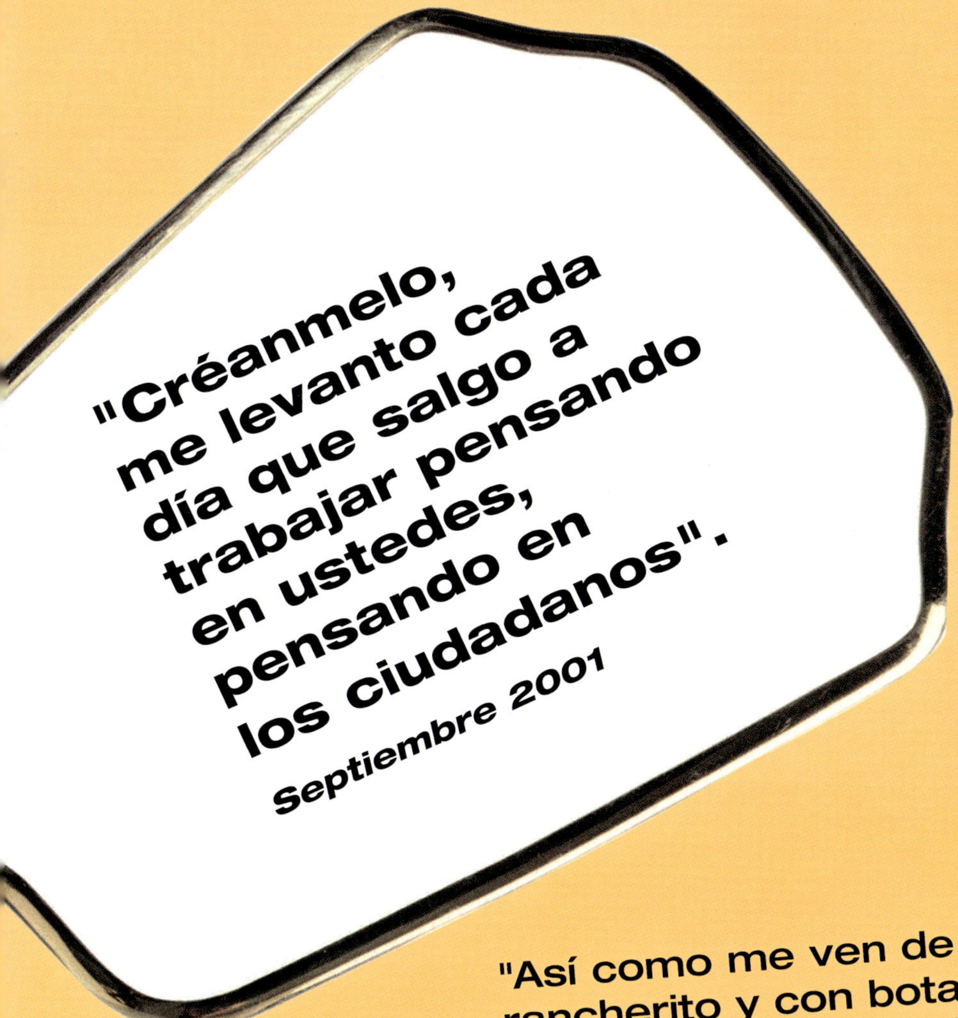

"Créanmelo, me levanto cada día que salgo a trabajar pensando en ustedes, pensando en los ciudadanos".
Septiembre 2001

"Así como me ven de rancherito y con botas, también sé ser estadista y gobernante, y también sé cuándo usar traje y hablar bonito".
21 de febrero 2000

"¡Yo también quiero mandar a esos hijos de la... Revolución... afuera de Los Pinos!"
Agosto 1999

"No les voy a fallar, ni le voy a fallar a sus chiquillos, ni le voy a fallar a sus hijos, ni le voy a fallar a los jóvenes, ni les voy a fallar a las mujeres, ni le voy a fallar a quien trabaja, ni le voy a fallar a México entero."

Septiembre 2001

"Siempre estoy en campaña, siempre estoy trabajando por México; a eso no le vamos a aflojar."

Durante una misa dominical.
Febrero 2003

"¡Nunca miento, yo siempre hablo con la verdad, que quede bien claro!".

En respuesta a un reportero que le preguntó si no eran cifras alegres el anuncio de 300 mil nuevos empleos creados en nueve meses.
Octubre 2002

"No soy presidente para estar en silencio, para tener una mordaza".

Sobre el señalamiento que le hicieron varios legisladores de que en los viajes al exterior dijera menos disparates.
Enero 2003

LAPIDARIAS

"PEMEX ES IGUAL A LA VIRGEN DE GUADALUPE, SON SÍMBOLOS PARA LOS MEXICANOS QUE DEBEN MANEJARSE CON MUCHO CUIDADO".
MARZO 2000

"El país ha ganado grandes posiciones en atractividad y en materia de competitividad"

En una reunión del *Grupo de los 8*, en Suiza.
1 de Junio de 2003

"Los pobres no pagarán... recibirán completo y copeteado el impacto del IVA."
Mayo 2001

Carlos Abascal Carranza, Secretario del Trabajo. *Al oponerse de que Aura, de Carlos Fuentes, fuera libro de texto en el colegio en el que estudiaba su hija. También pidió la renuncia de la maestra Georgina,*

"*Aura* va en contra de los valores éticos de un colegio".

Abril 2001

Carlos Abascal Carranza, Secretario del Trabajo y Previsión Social. *En su discurso "Que espera México de las mujeres".*

"El reconocimiento de la inmensa dignidad de la mujer no puede pasar por su masculinización (...)"

Marzo 2001

Los de alrededor

"LA ECONOMÍA MEXICANA ESTÁ EN RECESIÓN Y EN UN ATORÓN".
AL ANUNCIAR UN NUEVO AJUSTE A LA ECONOMÍA.
JUNIO 2001

"¿Cuáles críticas, cuál PAN? El diputado no es el PAN, no se hagan, no sean buscabullas... ¡Saquen buenas noticias! ¡Trabajen para su propio país, trabajen para ustedes mismos! ¿Quién les ha dicho que la nota siempre es lo negativo? La nota es lo positivo, el ánimo, la alegría, la esperanza."

Junio 2001

Los de alrededor

Luis Felipe Bravo Mena, líder nacional del PAN
Sobre los arreglos al rancho de San Cristóbal, Guanajuato.

"La visita de un presidente de un país extranjero merece que se le reciba con todo el decoro. Creo que estar cargando la crítica sobre esa base, es ganas de verle patas a las víboras".

Febrero 2001

Javier Usabiaga, titular de la Sagarpa.

"El Presidente nos ha enseñado que todas las críticas son asesorías gratuitas".

Agosto 2001

Jorge G. Castañeda,
Secretario de Relaciones Exteriores.

"No podemos regatearle nuestro apoyo a Estados Unidos".

Al ofrecer a Estados Unidos
el apoyo de México,
tras los atentados del 11-S.
Septiembre 2001

Donde dije digo, digo Diego...

...y donde dije Diego, digo Ernesto.

"(Zedillo) es un gran demócrata".
La noche del 2 de julio

Enero 1995
"La gran tarea para el 2000 es crear un frente opositor amplio de toda la sociedad contra el dictador Zedillo."

3 julio 2000
"Señor Presidente, es un gusto y un orgullo estar con usted."
Durante el recibimiento a Fox en Los Pinos.

Octubre 1999
"Ni el tal Zedillo ni el tal Labastida tienen derecho a seguirse lucrando con las desgracias de los mexicanos... los mexicanos no les estamos pidiendo chichi".

Septiembre 1995
"Zedillo Copperfield"
Por aquello de que estaba desapareciendo al país.

Agosto 1994
"Un triunfo de Zedillo no podría garantizar al país más de tres meses de gobernabilidad".

"George Bush es mi amigo".

Pese a que no había contacto desde que comenzó la guerra en Irak, esa fue su declaración.

Abril 2002

"Yo he dicho que gobernar es comunicar. Le dije a Zedillo, oye, una vez que entré a las Secretarías me encontré con muchas sorpresas desagradables, pero también me encontré con sorpresas de logros que los ciudadanos no conocíamos, y le dije: Ernesto, yo te golpeé hasta cansarme por desconocimiento de algunos programas que veo que sí funcionaron, los veo en la estadística real".

Diciembre de 2000

"Ahora sí me siento cargando la piedra del Pípila, o más grande, cargando esta responsabilidad".
En sus primeros días de gobierno.
Diciembre de 2000

Carlos Abascal Carranza,
Secretario del Trabajo y Previsión Social.
Al tomar protesta a los integrantes de su equipo de trabajo.

"Señores, que la virgen de Guadalupe, la patrona de los trabajadores, los bendiga".

Noviembre de 2000

Javier Usabiaga Arroyo,
titular de la Sagarpa.

"Son aullidos de coyote".
Al aludir a los que se oponían al cultivo de transgénicos.

Junio 2001

Los de alrededor

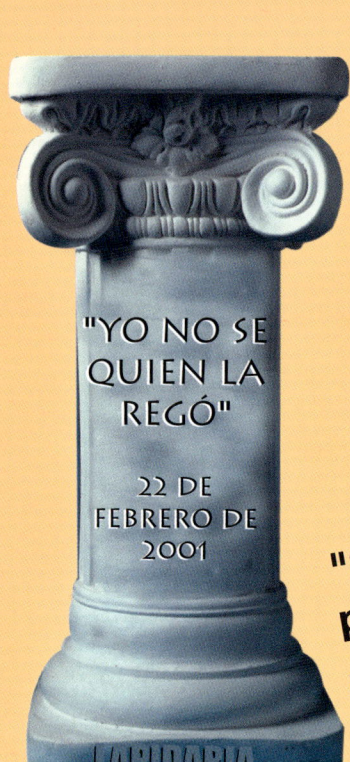

"YO NO SE QUIEN LA REGÓ"

22 DE FEBRERO DE 2001

LAPIDARIA

"No se vale sólo apanicarse, sólo hablar de crisis, cuando la realidad es diferente".

Durante una presentación de proyectos de inversión turística
Agosto 200

"Sí vendería Pemex, pero no el petróleo".

Entrevista en La Jornada.
Julio 1999

SE VENDE

"Ni se crean que tenemos un cuartote lleno de dinero para ver qué se ofrece y cómo apoyamos.
Ante indígenas huicholes, coras y tepehuanos.
Septiembre 2001

Los de alrededor

Jorge G. Castañeda, Secretario de Relaciones Exteriores
En respuesta al gobierno cubano en el sentido de que Castañeda promovió el voto condenatorio de la comunidad internacional al régimen de Fidel Castro en materia de derechos humanos.

"El gobierno de Cuba está un poquito sentido, ardido, molesto... pero no hay que darle mayor importancia".

Abril 2001

"Ni siquiera entienden la palabra y a quién se la están dirigiendo; no somos asesinos y jamás tomaremos una decisión que violente la paz".

En respuesta a los jóvenes que le gritaron "asesino, asesino" en Hamburgo, Alemania.
Octubre 2001

"YA NO HABLO... ¡ME COMIERON LA LENGUA LOS RATONES!"
RESPUESTA A LOS REPORTEROS.
JULIO 2001

"Somos los meros trinchones, o son ustedes -los productores- los meros meros, los que les venden más a Estados Unidos que ningún otro país del mundo (...)"

En una reunión con agroproductores de Nuevo León.
Febrero 2002

LAPIDARIA

Miguel Comellas,
Subdirector del diario cubano *Granma*.

"[Jorge Castañeda] de diplomático no tiene nada. Es un bebedor de vino presuntuoso que usa camisas y perfumes afeminados. El canciller mexicano no es macho".

Marzo 2003

Ernesto Martens,
Secretario de Energía.
Le pide a Gil Díaz que ya no use al sector energético como caja chica.

"En expresión muy nuestra, lo que pretendemos es quitarle la pirinola al joven de Hacienda"

Septiembre 2002

>>CUESTIÓN DE

TAMAÑO

"A una vendedora de nopales, que sale hoy en día a sentarse en la banqueta a vender sus productos de manera irregular, a ella le vamos a dar acceso para que pueda empacar sus productos, a que pueda echar a andar una pequeña empresa, a que pueda salir a venderlos a Estados Unidos".

Enero 2001

"Estamos en un país diferente, en un país con rumbo, en un país que tiene metas y objetivos, en un país que trabaja en equipo, en un país que sabe a dónde va y sabe cómo llegar ahí".

En comentario previo al segundo aniversario de su victoria electoral.
Junio 2002

"Este gobierno no puede hacer milagros en un día, pero cumpliremos con lo que hemos prometido, por ejemplo, lograr un crecimiento anual de la economía de 7 por ciento".

En declaraciones al diario alemán *Sueddeutsche Zeitung.*

"No es un recorte presupuestal. Es ahorrarle dinero a los ciudadanos para entregárselos en inversiones, en obra".

Abril 2002

"El Compromiso Social por la Calidad de la Educación va a dejar de ser, por primera vez, sólo rollo".

Al inaugurar el ciclo escolar 2002-2003.
Agosto 2002

¡DE LENGUA ME COMO UN TACO!

"Seguramente será porque todo lo que compraremos estará hecho en ese pais."

La especial de la casa...
"En diez años tendremos una economía como la de Japón".
Junio 2003

"Hemos roto el mito de que México no podía contar con una policía honrada".
En la condecoración a elementos de la Policía Federal Preventiva.
Septiembre 2002

"Estamos a unos dólares de ubicarnos en la novena posición de la economía mundial, muy cerca del grupo de ocho países que toman las decisiones sobre el futuro de la humanidad".
Septiembre 2002

"(Los maestros) están encantados con su aumento"
Mayo de 2001

"La señora Marta prefirió no irse por el lado conchudo, sino más bien movilizar a la sociedad entera."

Sobre las críticas a su esposa Marta y la fundación Vamos México.

"Trabajamos a fondo en auditorías. Trabajamos a fondo en investigaciones y pronto habrá aquellos peces gordos de los que hablamos".
Diciembre 2002

Los de alrededor

Pedro Cerisola,
Secretario de Comunicaciones y Transportes
Anuncia la construcción del aeropuerto del DF en Texcoco.

"Las aves tienen opinión propia y decidieron convivir con los aviones".

Octubre 2001

Francisco Barrio Terrazas,
titular de la Contraloría
Días antes de dar a conocer los supuestos desvíos de Pemex hacia la campaña del priísta Francisco Labastida.

"Hay carnita en el sartén, vamos a freír pescaditos de buen tamaño".

Enero 2002

"A MARÍA FÉLIX LA RECORDAREMOS COMO LA GRAN IMPULSORA QUE FUE DEL CAMBIO DEMOCRÁTICO EN EL PAÍS".
EN EL VELORIO DE LA FÉLIX.
ABRIL 2002.

"No hay duda, yo reconozco que generamos muchas expectativas, quizá más de la cuenta, pero para desplazar a un gobierno que llevaba 71 años sin duda había que plantear un nuevo proyecto de nación, y eso es lo que hicimos".

En declaraciones a una radiodifusora española.
Mayo 2002

LAPIDARIA

Francisco Gil Díaz,
Secretario de Hacienda
Defiende el alza a las tarifas eléctricas.

"El 70 por ciento de la población se verá exenta de esta medida, lo cual protege a la población con menos recursos".

Febrero 2002

Guillermo Ortiz,
Gobernador del Banco de México
Sobre el aumento a las tarifas eléctricas.

"Al Banco de México no le habían informado. Nos agarraron en curva".

Febrero 2002

¡VIEJA, VEN PA' ACÁ!

MIENTRAS REALIZABA UNA ENTREVISTA CON JOAQUÍN LÓPEZ DÓRIGA EL DÍA DE SU BODA.
JULIO 2001

"Abascal ya se está ocupando de eso".
Respondiendo a la demanda de un hombre que perdió su casa en el huracán Marty en La Paz.
26 de Septiembre de 2003

"Ahorita no traigo efectivo".

Al escuchar la petición de apoyo de una mujer afectada por los huracanes en BCS.

Septiembre de 2003

Los de alrededor

Rafael Ángel Sostman, del Consejo Nacional de Educación para la Vida y el Trabajo
Sobre el trabajo para educar a 18 millones de mexicanos mediante el uso de nuevas tecnologías.

"Algunos desgraciadamente no tienen la capacidad mental porque en su niñez tuvieron una alimentación deficiente y no desarrollaron el cerebro".

Diciembre 2000

Santiago Creel,
Secretario de Gobernación.

"El timón del gobierno actual es del PAN, pero la nave es de todas las fuerzas políticas".

Agosto 2001

EN RESPUESTA A LA PREGUNTA DE UNA
NIÑA ¿QUÉ SE SIENTE SER PRESIDENTE?
ENERO 2002

"SE SIENTEN ÑÁÑARAS".

Según el diccionario del Español en América:
Ñañaras. *f.pl.* sensación en el estomago cuando se tiene miedo o ansiedad o tensión nerviosa.
Cuba., S Dom. **Llaga. Tumor.**
(2) Bicho. Insecto.
Med. **Prúrito anal.**

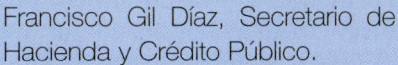

Francisco Gil Díaz, Secretario de Hacienda y Crédito Público.

"Hay que mirar el futuro y no estancarse en situaciones ya superadas. El Fobaproa se magnificó con fines políticos".

Agosto 2001

Carlos Flores, coordinación de Planeación Estratégica de la Presidencia.

"El I Informe del Presidente será un texto con un estilo literario directo para que los mexicanos conozcan, sin distorsiones, lo que el gobierno ha logrado".

Agosto 2001

>>cuestión de forma

> "Cero corrupción, cero cosas chuecas. Nada de mordidas ¿eh?"

En una garita de Nogales, Sonora.
Diciembre 2000

"Un triunfo electoral del PRI significaría una regresión".

Enero 2001

"LA IGLESIA CATÓLICA ES COMO EL PRI".

FRENTE A UN GRUPO DE EVANGÉLICOS.
ENERO 2000

LAPIDARIA

Los de alrededor

Jorge G. Castañeda, Secretario de Relaciones Exteriores.

"Claro que sí (me interesa la presidencia)... pero me da güeva eso de hacer campaña. Me encabrona que me toque la gente".

Junio 2001

"Quizá haya gente que piense que no soy tan inteligente, y a lo mejor que tampoco soy tan antipático como parezco"

Octubre 2001

"NO HAY CRISIS EN EL CAMPO".
FEBRERO 2003

"La PGR se está convirtiendo en una dependencia cada vez más al servicio de la sociedad y nunca más del poder político; en una dependencia de protección ciudadana, no en un semillero de corrupción; en una dependencia que procura justicia y no lucra con ella."

20 septiembre 2001

Julio Frenk, Secretario de Salud
Sobre si el gobierno federal le recortaría el Presupuesto.

"Si los recursos disminuyen, la prestación de los servicios de salud en el país no se verá afectada".

Julio 2001

Jorge G. Castañeda
En una reunión binacional México-Estados Unidos, en la que se preveía un amplio acuerdo migratorio, en los días previos al 11-S.

"The whole enchilada"

Septiembre 2001

"USABIAGA AGUANTA VARA".

ANTE LAS CRÍTICAS HACIA EL SECRETARIO DE AGRICULTURA, LUIS USABIAGA. JULIO 2002

"Si vamos a hacer que crezca el tamaño del pastel, es indispensable que todo mundo se lleve su rebanada. Esto es, entonces, la definición de crecimiento que hoy nos pide México entero".
Enero 2001

Es lo que viene siendo la política repostera.

Los de alrededor

Jorge G. Castañeda.

"[Los senadores de oposición] no quieren que se dé el cambio, se entiende, pero lo que no se entiende es por qué tienen que llevarse a millones de familias mexicanas entre las patas."
Abril 2002.

"En el pasado, cada vez que había un problema con Estados Unidos, los gobiernos del PRI protestaban y hacían una gran alharaca en México, pero cerciorándose de que nadie los escuchara en Estados Unidos, porque luego los regañaban".
Abril 2002.

"No nos perdamos en el bosque porque ahí no se alcanza a ver a la distancia; subamos a las colinas desde donde podemos ver el panorama y hacia donde vamos como personas, como familias y como empresas sociales."
Enero 2001

"Somos un gobierno eficaz, organizado, honesto, transparente, trabajando con gran intensidad; un gobierno empeñado en ser de calidad".
2 febrero 2002

"No hay crisis política nacional ni nada que se le parezca".
Enero 2001

Los de alrededor

Francisco Gil Díaz,
Secretario de Hacienda.

"En recaudación no venimos mal, pero sí muy por debajo de lo que se había presupuestado".

Agosto 2002.

Jorge G. Castañeda,
Secretario de Relaciones Exteriores.

"La relación de México con Cuba camina hacia una normalización fría, que es funcional a ambos países".

Agosto 2002

"Hay otros que no se dan cuenta que en su ciudad cunde el desempleo y la criminalidad, y sin embargo dedican sus esfuerzos de gobierno a compensar la leche Liconsa".

En referencia a Andrés Manuel López Obrador.
Junio 2001

Mauricio Toussaint,
Oficial mayor de la SRE
Acerca del embajador de México en Cuba, Ricardo Pascoe.

"No se trata de un pez gordo, sino de un simple pececillo de colores caribeños".

Septiembre 2002

Luis Ernesto Derbez,
Secretario de Relaciones Exteriores.
España es una monarquía parlamentaria...

"El presidente de la república española, José María Aznar".

Febrero 2003

Martha Fox Quesada, hermana del Presidente.

"Los mexicanos tenemos aún la cultura de la corrupción muy arraigada en todos los niveles y eso lo va a frenar Vicente, nada más que con un poco más de tiempo".
Junio 2002

Mercedes Quesada
"A mí me dejan vivir mi vida privada, ya estoy grande".
Harta de todas las cartas, curriculums y peticiones que recibe para que se las haga llegar a su hijo.
Agosto 2000

Lilián de la Concha, ex esposa de Fox.
"Estoy dispuesta a volver con Vicente (...) pero no porque esté a punto de llegar a Los Pinos".
En declaraciones a la revista *Actual*.
Junio 1999

Patricia Quesada Lastiri.
"Los *Amigos de Fox* no desaparecerán, nos sujetaremos a los cambios que conlleva el nuevo cargo de Vicente: ahora será los Amigos del Presidente".
Julio 2000

cosas de familia

Lilián de la Concha,
ex esposa de Fox, en declaraciones
a la revista *Milenio*.

"Ni Vicente ni yo venimos a este mundo para ser él el presidente ni yo primera dama. Venimos para llegar al cielo. Por algo Dios nos puso juntos, por algo seguimos casados".

Abril 1999

Ana Cristina Fox
"Mi padre sería el Presidente más guapo en toda la historia de México".
Octubre 1999

Mercedes Quesada, madre de Vicente Fox
"No me gusta ninguna mujer para primera dama, Vicente gobernará solo con sus hijos".
Julio 2000

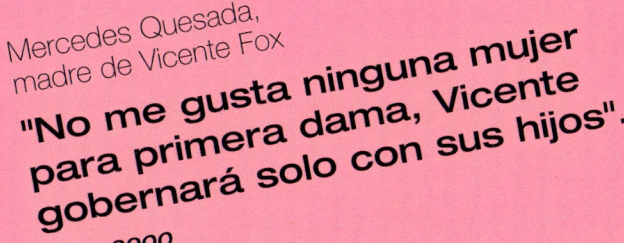

"Que quede bien claro, mi hija no está promoviendo la abstención; lo que está promoviendo es evitar embarazos no deseados, que es muy diferente".

En referencia a la participación de su hija en una campaña del DIF.
Julio 2001

"Salí como quinceañero"

Tras realizarse un exámen médico en la primera semana mundial de la salud.
17 de Febrero de 2001

"Aquí no vamos a administrar la pobreza".
11 julio 2001

"TENGO LAS BOTAS BIEN PUESTAS EN LA TIERRA Y A LA REALIDAD LA VEO DE FRENTE Y NUNCA LE DOY LA ESPALDA".
DICIEMBRE 2000

LAPIDARIA

Los de alrededor

Luis Ernesto Derbez,
Secretario de Relaciones Exteriores
Sobre aquellas enchiladas que no pudo comer Jorge Castañeda.

"Tenemos que poner sobre la mesa toda la enchilada. (Pero) hay que comer en trozos, no todo a la vez porque corremos el riesgo de atorarnos".
Mayo 2003

Ignacio Loyola Vera,
gobernador de Querétaro.
Integrante de la gira presidencial a Chile, después de visitar, "por error", un café de piernas.

"Lo malo hubiera sido que nos metiéramos en un café de puñales".
Agosto 2001

"¿Y YO POR QUÉ?"

CUANDO LE PREGUNTARON SU OPINIÓN EN EL CONFLICTO CNI CANAL 40 Y TELEVISIÓN AZTECA.
ENERO 2003

¡'Tá buena pa'l título!

Diego Fernández de Cevallos,
Senador por el PAN
Días después de aprobar el Presupueso de Ingresos de 2002.

"Yo no sé de qué se quejan los ricos, si se gravó a los pobres. ¿Por qué se quejan tanto los ricos?"

Enero 2002

Elba Esther Gordillo,
Secretaria general del PRI.

"La incursión de la señora Fox es una pretensión política electoral; sería una reelección y no creo que Marta esté pensando en eso".

Marzo 2001

-¿Cómo ven? ¿Cómo la llevo?
-Bien, bien...
-Jalando bien, ¿verdad? Ustedes no leen el periódico, por supuesto.
-No, pos yo ni sé leer, ¡pero en la televisión sí lo veo!
-¡Mejor! Va usted a vivir más contenta.

"Felicita" a una viejita por no leer el periódico.
11 febrero 2002

"He tenido trato con personalidades, como los premios Nobel Carlos Fuentes, Octavio Paz..."
Febrero 2000

"[Hoy en México] se puede opinar, se puede decir, se puede calumniar, se puede hablar con absoluta libertad".
Con voceadores.
Mayo 2003

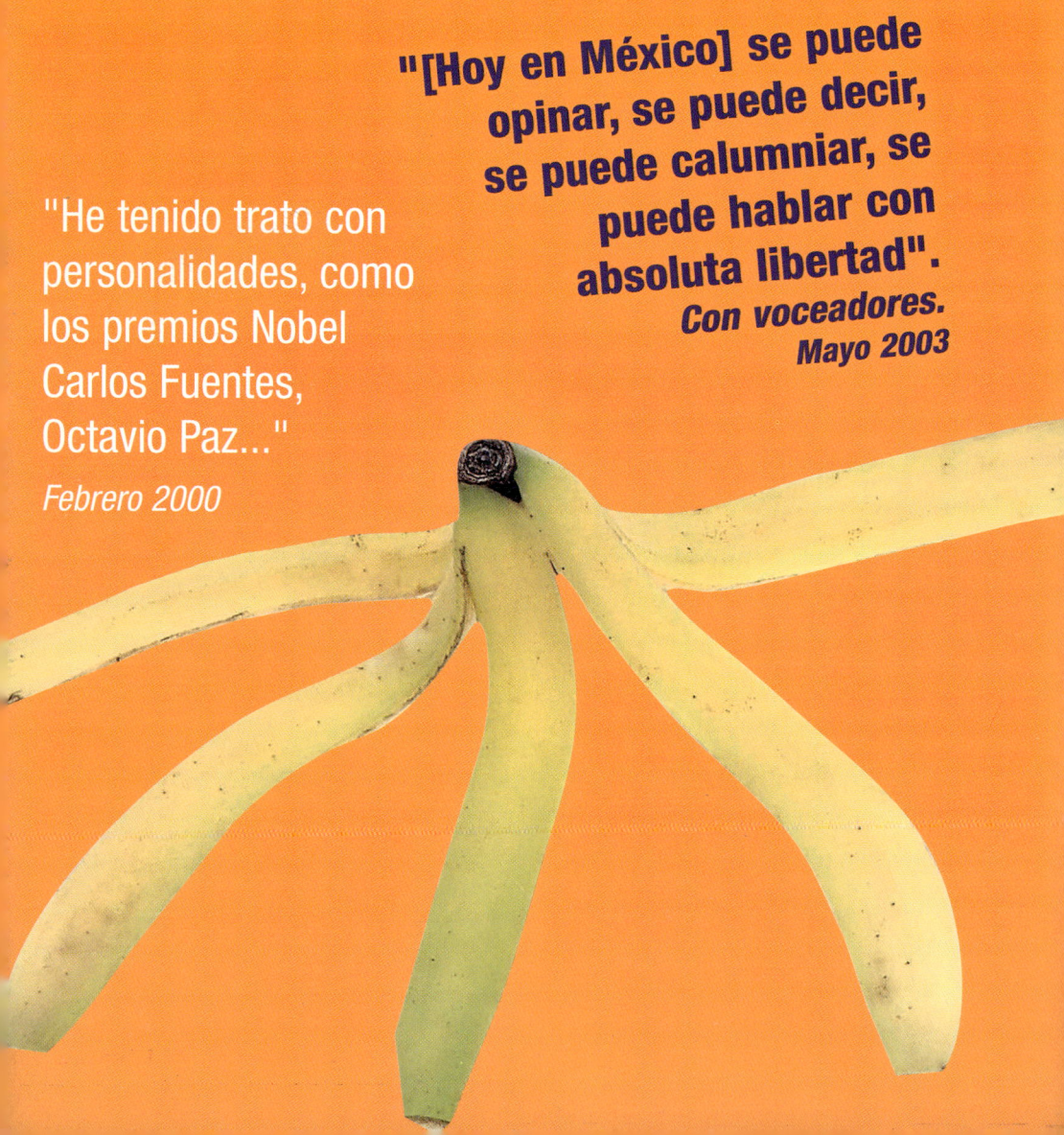

Los resbalones

"Dice mi maestro de literatura, que la frase "ladran, Sancho, luego cabalgamos" no aparece en la obra de Cervantes y que tampoco hay constancias de que el personaje central tuviera experiencias oníricas relacionadas al avance de nuestra nación."

> " Ciertamente, hay quienes ladran, lo cual nos deja claro que el país avanza con paso firme, tal como lo veía El Quijote en sus sueños. "
>
> *En su rancho de San Cristóbal, Guanajuato. Junio 2001.*

"Bien pudo haber optado la señora Marta por usar fondos federales y ponerse a trabajar bajo esa perspectiva como hacían otras señoras. La señora Marta prefirió no irse por el lado 'conchudo'".

Ante la crítica por el concierto con Elton John en el Castillo de Chapultepec.
Noviembre 2001

"DE QUE SE VA A HACER, SE VA A HACER".

SOBRE EL AEROPUERTO DE LA CIUDAD DE MÉXICO.
AGOSTO 2002

" Pero mil años no son demasiados si los contraponemos con el tiempo que aguramos a la pervivencia de los ideales de paz de justicia, de libertad, encarnados por Don Quijote de la Mancha, que de Miguel de Cervantes a Octavio Paz, de Sor Juana Inés de la Cruz a Gabriela Mistral, de Simón Bolivar a Jose Luis Borgues han anhelado los mas claros hombres y mujeres que ha dado nuestra lengua. "

En la inaguración del segundo Congreso Internacional de la Lengua Española, en Valladolid.
16 de Octubre de 2001

Los de alrededor

Ignacio Loyola Vera, gobernador de Querétaro.
Peleándose verbalmente con el sub comandante Marcos.

"Si yo soy Firuláis, él es Pluto"

Marzo 2001

Marta Sahagún de Fox, presidenta de la fundación *Vamos México*.

La pobreza nos afecta a todos, a los que carecen de recursos y a los que poseen. Para los primeros, por desgracia, es su condición de vida; el resto padece sus consecuencias.

Abril 2002

"Es prioridad de mi gobierno agarrar al toro por los cuernos y ayudar a vencer el problema agrario de manera integral".

Al presentar el Programa Sectorial Agrario 2001-2006.
Enero 2002

"Lo estoy leyendo, no crean que soy tan vivo"

En la inaguración del programa *e-mexico*.
22 de enero de 2001

Diego Fernández de Cevallos, senador del PAN.

"La ley aprobada por el Congreso es muy superior a los Acuerdos de San Andrés, pero estoy dispuesto a escuchar las opiniones en contra".

Julio 2001

Diego Fernández de Cevallos, senador del PAN.
Luego de que Luis Felipe Bravo Mena refrendara la luna de miel entre el PAN y Fox.

"Yo no tengo luna de miel con hombres".

Diciembre 2001

En la elección de presidente nacional del PAN. *Abril 2002*

"Yo ya tengo mi gallo, pero el nombre me lo voy a reservar."

Los de alrededor

Luis Felipe Bravo M., líder panista.
Sobre el balance de los analistas en los primeros meses de gobierno de Fox.

"Esas opiniones están cargadas sobre el hígado y la vísceras (...) si tuvieran un poco de inteligencia podrían moderar semejante lenguaje que no es de corte político, en todo caso será un lenguaje culinario".

Mayo 2001

"Habrá mano dura, pero más que eso, mano certera para golpear al crimen".

Abril 2002

"En Acción Nacional no nos andamos con medias tintas".
Al inaugurar el Encuentro Nacional de Mujeres Panistas.
Marzo 2002

"YA NO SÓLO PUEDEN SOÑAR, AHORA PUEDEN SALTAR HACIA EL FUTURO Y HACIA EL PROGRESO DE MANERA CASI ILIMITADA. ES UN DÍA HISTÓRICO, ES EL DÍA DEL SALTO CUÁNTICO, EL SALTO DE RANA HACIA EL FUTURO Y EMPIEZA EN ESTE LUGAR".

EN LA INAUGURACIÓN DEL PROGRAMA E-MEXICO.
22 DE ENERO DE 2001

LAPIDARIA

Luis Felipe Bravo Mena, líder del Partido Acción Nacional.

"Nuestra transición es una obra de arte política. Permitamos que nos demos crédito porque el PAN es uno de los actores principales en esta victoria".

Diciembre de 2000

Luis Pazos, diputado del PAN. Cuando se negociaba el presupuesto para el año 2002 en el Congreso de la Unión.

"Y si la Suprema Corte quiere más dinero y lo mismo la UNAM, pues primero que trabajen".

Diciembre 2000

15 minutos...

"Le diré qué siento. Que ahora tengo un amigo allá en Las Cañadas de Chiapas. Sin habernos conocido personalmente, hoy nos entendemos mucho mejor. Yo siento que tengo en Marcos a un amigo".

En declaraciones al diario colombiano *El espectador*. Abril 2001

"Aquí hay paciencia de seis años, no hay problema. Hay que darle tiempo al tiempo".

Opinando sobre las negociaciones con el EZLN. Diciembre 2000

"Marcos está invitado a Los Pinos el día que quiera".

Marzo 2001

"Ya no hay conflicto, el Plan Puebla-Panamá es mil veces más que el zapatismo o una comunidad indígena en Chiapas. Estamos en santa paz. No hay que dar más espacio o situación de poder al zapatismo".
De gira por El Salvador.
Junio 2001

"**En 15 minutos resuelvo el problema en Chiapas**".
A un grupo de indígenas purépechas.
Septiembre 1999

Subcomandante Marcos
En el Zapatour.
"En México hay un nuevo capataz al servicio de los hombres del dinero".
Febrero 2001

"**Yo dije que iba a solucionar en 15 minutos el problema de Chiapas si Marcos y los zapatistas estaban dispuestos, a su vez, también a llegar a la paz**".
En conferencia en el *Trinity College* de Dublín, Irlanda.
Noviembre 2002

"Ahora sí que estamos todos, todas, dispuestos a comprometernos con el tema número uno del país, con el tema del futuro, con el tema de los chiquillos, las chiquillas y los jóvenes".

En un discurso en la Universidad de Guanajuato.
Julio 2002

"HOY NO HAY ENTREVISTA, HOY ES DOMINGO, DÍA DE DESCANSO".

JUNIO DE 2001

"En México hay muchísimos españoles y no podemos darnos el lujo de meter patas y cometer errores".

Hablando acerca de México y la colaboración con España sobre ETA.
12 noviembre 2001

Ignacio Loyola Vera, gobernador panista de Querétaro.
Cuando dijo aceptar las críticas cuando se equivoca.

"Más merezco por tarugo".

Enero 2001

George W. Bush, presidente de los Estados Unidos de América.
En el primer debate presidencial.

"He hablado con Vicente Fox. el nuevo presidente de México para tener petróleo que enviar a Estados Unidos. Así no dependeremos del petróleo extranjero".

10 de Marzo de 2000

"En los dos primeros años tuve que enmendar y remendar situaciones heredadas de administraciones pasadas (...) La transición de un viejo régimen a un nuevo gobierno fincado en valores democráticos está por terminar".

Julio 2002

"Nosotros queremos que esto se vea (la relación Estado-Iglesia) mucho más natural, mucho más abierto, libre y sin tapujos".
Frente a Giussepe Bertelo, embajador del Vaticano en México.
Marzo 2001

"El nuevo México será un México seguro, un México en el que ningún residente o visitante tema a la violencia en las calles y ningún juez corrupto pueda cerrar los ojos ante las drogas y la delincuencia".
En el Foro Económico de Davos.
Enero 2001

Manuel Espinoza Barrientos, Secretario general del PAN.

"Jorge Castañeda es un ignorante absoluto. El hecho de que el canciller opine en materia de política interior, no me merece más comentario".

Agosto 2002

Ignacio Carrillo Priero, fiscal para movimientos políticos y sociales del pasado.

"A lo imposible nadie está negado".

Junio 2002

"México fue un lugar donde nuestra economía vivía en el ayer y nuestras oportunidades eran siempre una promesa para mañana, mañana, mañana. Ahora debemos convertirnos en la tierra del hoy, hoy, hoy".

En el Foro Económica Mundial de Davos.
21 enero 2001

Está bien, está bien, está bien...

Carlos Monsiváis.

"Fox ni es Presidente surrealista ni México es un país surrealista. Creo que es un Presidente alcanzado por su lenguaje de campaña, perturbado por su lenguaje de campaña y asiduo a su lenguaje de campaña en un momento en que yo desearía un lenguaje más administrativo y gubernamental".

Mayo 2002

Los de alrededor

"Que nadie piense que hay un cuarto lleno de dinero que tiene el Presidente allá en Los Pinos, eso no existe ya".

Cuando anunció la desaparición del Banrural.
Octubre 2002

Al anunciar que las reservas del país habían llegado a los 45 mil millones de dólares.

"Ya casi no sabemos qué hacer con esa cantidad enorme de reservas que acumula el país".

"La falta de recursos es un problema de aritmética, no político."

A presidentes municipales del país.
Octubre 2002

Marta Sahagún de Fox, primera dama del país.

"Ser la esposa del Presidente te da algunos privilegios (...) tienes contacto con la clase empresarial".

Octubre 2001

Luis Felipe Bravo Mena, Líder del PAN.
Al evaluar el primer año de gobierno de Fox.

"Ha sido un año que se puede calificar como extraordinariamente positivo, en el que se han comenzado a iniciar políticas que tendrán resultado a mediano o largo plazo".

Diciembre 2001

"Y por cierto, esos no son recursos del gobierno, porque luego hay malas lenguas por ahí que andan duro y dale, duro y dale".

Respalda a la fundación *Vamos México*.
Febrero 2003

"Para los mexicanos que creemos en el cambio, un triunfo en la Cámara de Diputados del PAN nos garantizará seguir adelante, y no ir a una regresión, no regresar al pasado".

En campaña por el PAN.
Enero 2003

"Está en su punto, diría yo, está de primera, está de pelos como dicen los chavos".

En referencia al papel del ejército en Chiapas.
5 de enero de 2001

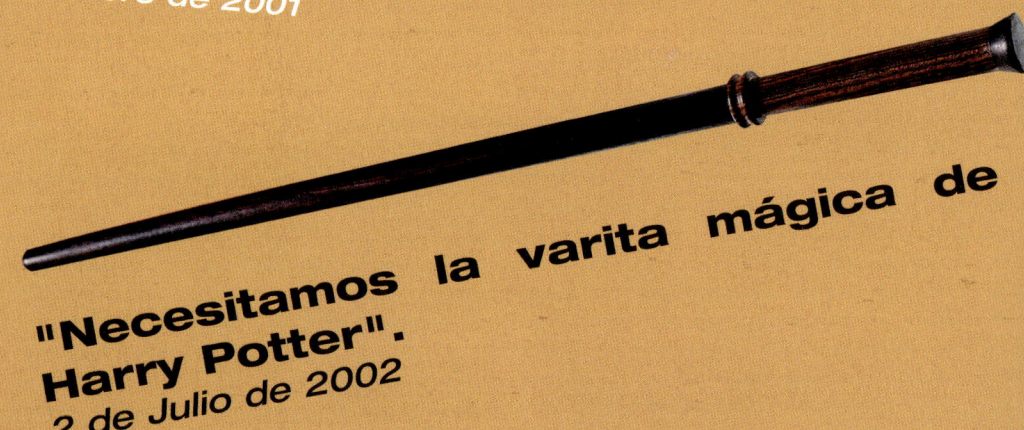

"Necesitamos la varita mágica de Harry Potter".
2 de Julio de 2002

Los de alrededor

Alberto Fernández Garza, presidente de la Coparmex.

"La raíz de los problemas indígenas está en el alcoholismo, las costumbres machistas y en rencillas que derivan en pleitos idiotas".

Febrero 2001

Norberto Rivera Carrera, arzobispo primado de México.

"Que el señor le tome (a Carlos Hank) en cuenta todos sus trabajos y le dé la recompensa eterna".

Agosto 2001

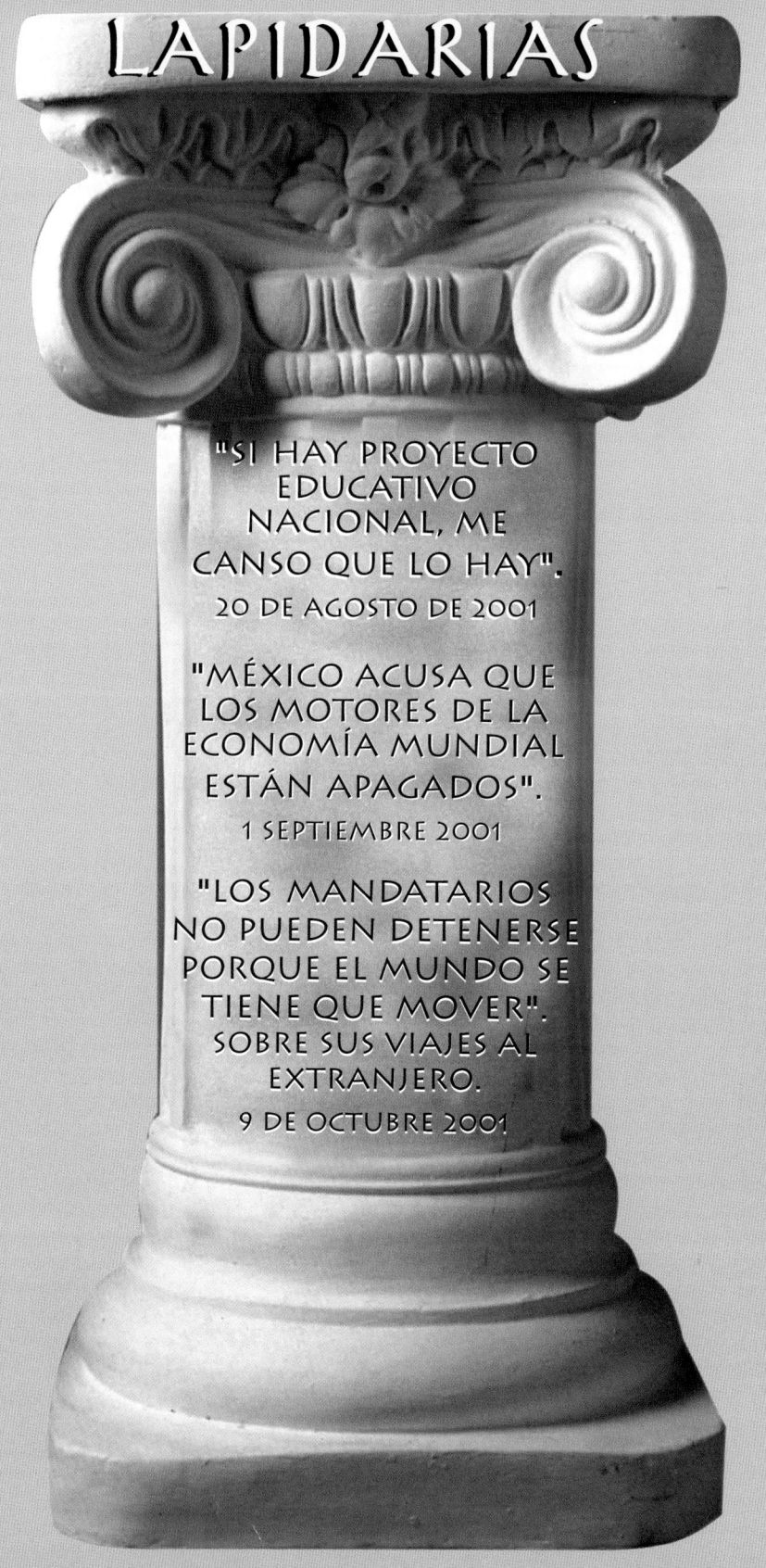